Como resgatar
OS VALORES
que esquecemos?

Conheça nossos clubes

Conheça nosso site

@ @editoraquadrante
♪ @editoraquadrante
▶ @quadranteeditora
f Quadrante

Copyright © 2024, Quadrante Editora

Capa
Gabriela Haeitmann

Dados Internacionais de Catalogação na Publicação (CIP)

Faus, Francisco
Como resgatar os valores que esquecemos? / Francisco Faus – 1ª ed. – São Paulo: Quadrante Editora, 2024.

ISBN: 978-85-7465-609-0

1. Batalhas - História 2. Deus - Amor 3. Igreja Católica - Doutrina I. Título

CDD–270.09

Índices para catálogo sistemático:
1. Batalhas interiores : Cristianismo 270.09

Todos os direitos reservados a
QUADRANTE EDITORA
Rua Bernardo da Veiga, 47 - Tel.: 3873-2270
CEP 01252-020 - São Paulo - SP
www.quadrante.com.br / atendimento@quadrante.com.br

Francisco Faus

Como resgatar os valores que esquecemos?

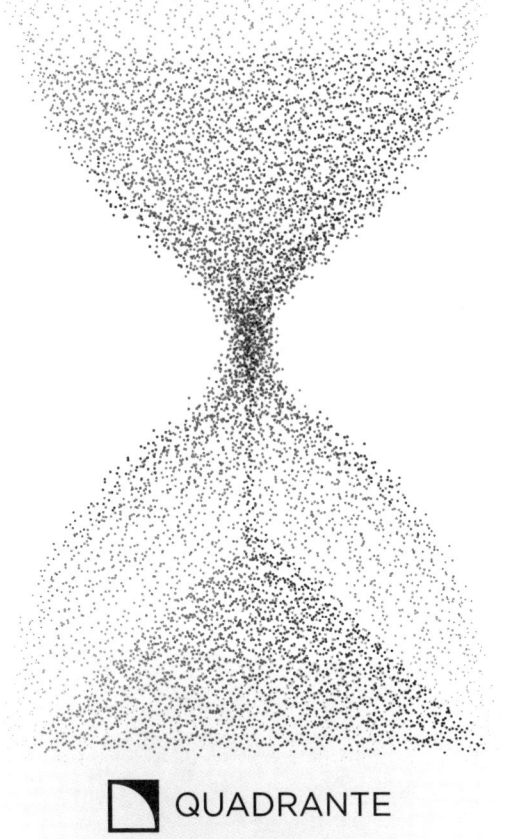

QUADRANTE

Sumário

INTRODUÇÃO
JUVENTUDE SEM ESTRELA

PRIMEIRA PARTE
A FIDELIDADE À VERDADE

1. No meio das sombras?	19
2. Vale a pena abrir-se à Verdade	21
3. "Aos que o acolheram"	25
4. "Jesus, que eu veja"	31
5. Umas perguntas que ajudam	35

SEGUNDA PARTE
A FIDELIDADE AO BEM

1. A primeira luz	43
2. O pai da mentira	47
3. Uma visita ao inferno	51
4. Em busca da luz do Bem	57
5. O resgate da nossa liberdade	61
6. O dever da liberdade	65
7. O roteiro do Bem	69

8. O esplendor do Bem   73

9. Fidelidade à Verdade e ao Bem   77

TERCEIRA PARTE
A FIDELIDADE AO AMOR

1. "Deus é Amor"   87

2. Deus é o Amor fiel   89

3. Como é o amor que Deus tem por nós?   93

QUARTA PARTE
A NOSSA FIDELIDADE AO AMOR

1. Só o amor nos realiza   101

2. O veneno mortal: o egoísmo   105

3. Sentimentos e vontade   109

4. Saber amar "o outro"   113

5. Amar fielmente é dar-se constantemente   117

6. A fidelidade renova o amor   121

*Ao verem de novo a estrela,
alegraram-se com muito grande alegria*
(Mt 2, 10).

INTRODUÇÃO
JUVENTUDE SEM ESTRELA

Charles Dickens começa o seu romance *A casa soturna* com uma descrição da cidade de Londres mergulhada numa bruma densa: nevoeiro escuro, pó e fuligem. Nas ruas enlameadas da velha cidade, é difícil dar um passo certo e encontrar orientação. Pessoas tateantes e perplexas mergulham no escuro: "Os pedestres entrechocam seus guarda-chuvas uns com os outros, num contágio geral de mau humor, perdem pé nas esquinas, onde dezenas de milhares de pessoas vêm escorregando e acrescentado mais camadas de lama aos pontos em que ela se acumula a juros compostos..." É todo um símbolo.

Essa descrição um tanto tétrica faz-me pensar na situação espiritual e moral em que se encontram muitas moças e rapazes hoje em dia, bem como em outros muitos que, há cinquenta anos, já foram jovens e que, julgando descobrir uma vida nova, perderam a cabeça no nevoeiro e no barro.

Como resgatar os valores que esquecemos?

Penso nos pais que ficaram alucinados — lá pelos anos 1960 e 1970 — pelo ardor de "mudar tudo", do "psicologismo" e da "nova pedagogia". E mudaram mesmo: estragaram os filhos. Penso também em educadores e pastores de almas que confundiram muitas consciências jovens em nome do mito da "atualização" e da liberdade, arrastando-as, porém, a um futuro mais confuso e poluído que a Londres enevoada de Dickens.

Boa parte da juventude anda, por isso, sem estrela que a guie. O simbolismo da estrela foi sempre claríssimo. Durante séculos, as estrelas foram a luz no céu que indicava o rumo aos navegantes, e os cristãos sempre viram na estrela dos Magos o símbolo da luz da fé que deveria orientar a sua caminhada, junto com Cristo, até a eternidade.

Em muitos casos, hoje, a estrela parece apagada. Diz-se que tudo é relativo, tudo é mutável, tudo "depende". Ou seja, que, em vez de estrela, as pessoas teriam por guia uma nuvem errática, que muda de forma, tamanho e direção conforme o vento do desejo ou da opinião que sopra. Você... que acha disso?

Pense que a falta de luz, ou seja, a falta de *verdades* e de *valores*, gera um mundo caótico.

Não é de estranhar que a cada dia se ouça falar mais de pessoas que padecem da "crise da perplexidade". Pessimistas até o desespero, alguns já estão vendo chegar a passos rápidos o fantasma do fim do mundo, ou pelo menos do fim do *seu* mundo.

Como é possível que adolescentes e pré-adolescentes se suicidem, que crianças e jovens sejam ensinados pela internet a mutilar-se, a cortar-se, a provocar-se ferimentos? Como é possível que caiam sem resistência nas drogas, nos vícios mais absurdos e nas dependências mais escravizantes? E que haja tanta falta de constância nos planos pessoais, tanta falta de senso de dever, tanta incapacidade de se ligar, de maneira estável, a uma pessoa, a um ideal, a uma vocação, a um compromisso? Sendo essa a realidade, é lógico que se diga que a depressão é "a doença do século".

Como o filósofo grego Diógenes, que, erguendo uma lanterna, procurava "um homem", perante algumas confusões ideológicas atuais dá vontade de sair à rua com a lanterna na mão, clamando: "Para onde vocês estão levando a verdade? Para onde estão levando os valores morais? Para onde estão levando a fidelidade?"

Essas "sombras" que acabo de descrever realmente existem. Mas todas elas nada são, nada seriam, se fosse crescente o número de almas santas, apaixonadas pela Verdade, amantes do Bem e entusiasmadas com o Amor, prontas para "ser" e "agir". Sim, para "ser", incorporando a suas vidas as verdades e os valores cristãos; e para agir de acordo com a claridade dessas luzes de Deus.

Levantemos, portanto, a cabeça em busca das verdadeiras estrelas — que existem, que brilham na mais negra noite e que são a única luz que pode guiar as nossas vidas até a plenitude.

Tenha em conta que a nossa estrela não é uma só estrela; é, antes, uma constelação formada por três estrelas: a estrela da Verdade, a estrela do Bem e — como ponto máximo do Bem — a estrela do Amor. Quando as procuramos e as seguimos, quando *lhes somos fiéis*, tornamo-nos capazes de mudar não só a nossa vida, mas muitas vidas, e de vencer pela luz muitas das sombras do mundo. Que Deus nos ajude a enxergar essas estrelas. É nisso que este livro desejaria ser útil, com o favor de Deus. Desde já, peçamos:

*A Ti estendo as minhas mãos,
como a terra seca anseio por Ti...
De manhã faze-me sentir a tua bondade,
pois em Ti confio.
Indica-me a estrada que devo seguir,
porque a Ti elevo a minha alma...
Teu espírito bom me guie por uma estrada plana*
(Salmo 143).

PRIMEIRA PARTE
A FIDELIDADE À VERDADE

1. No meio das sombras?

Mais de uma vez tenho contado o caso de um ótimo colega, um jovem padre inglês que fazia na Irlanda um curso de verão. Enquanto passeava com um companheiro por amplos pastos, viram-se ambos subitamente envolvidos por uma névoa inesperada, cada vez mais espessa, a ponto de já não enxergarem a um metro de distância. Resolveram voltar à casa quanto antes. Caminhavam com cuidado e comentavam o fenômeno, quando então o segundo reparou que, de repente, o inglês permanecia calado: não parecia ouvir nenhuma das suas perguntas. Tateou com cautela e descobriu que o amigo tinha despencado num barranco que a névoa o impedira de ver. Foram mobilizados todos os que poderiam ajudar. Acharam-no caído, mas já era tarde. Estava morto.

Deus não permita que essa tragédia possa ser o símbolo da nossa vida nem da vida de ninguém, por mais que alguns pareçam empenhados em provocá-la em nossa sociedade e em perder-se no mesmo drama.

Ainda que exista o nevoeiro espesso de uma cultura sem verdades, de um mundo sem limites definidos nem caminhos certos, sacolejado por um niilismo corrosivo, há muitos e muitos corações generosos e bons que estão dispostos a desafiar névoas e trevas, a iluminar o mundo atual com a luz de Deus.

Em 1974, São Josemaria Escrivá, falando em São Paulo a um grupo numeroso de universitários, procurava ajudar aqueles jovens a não se perderem na cultura do desnorteio: "As pessoas estão tristes. Fazem muito barulho, cantam, dançam, gritam... mas soluçam. No fundo do coração, só têm lágrimas: não são felizes, são desgraçados. E o Senhor, a vocês e a mim, nos quer felizes."

Completava assim esse pensamento: "O Senhor quer que estejamos no mundo e que o amemos, sem ser mundanos [...], para que, todos juntos no serviço de Deus, procuremos salvar este mundo que parece decidido a perder-se. Vocês têm que ser sal e luz... É preciso que estejam fortes por dentro, para poder dar a mão a outros e levá-los pelos caminhos de Deus."[1]

---

[1] Cf. Francisco Faus, *São Josemaria Escrivá no Brasil*, Quadrante, São Paulo, 2017, p. 40

2. Vale a pena abrir-se à Verdade

São Josemaria, numa homilia pronunciada em abril de 1954, falava das multidões que se comprimiam à volta de Jesus na sua vida pública, *ansiosas por ouvir a palavra de Deus* (Lc 5, 1). "Tal como hoje!", dizia. "Não estais vendo? Andam desejosas de ouvir a palavra de Deus, embora o dissimulem exteriormente. Talvez algum se tenha esquecido da doutrina de Cristo; outros — sem culpa sua — nunca a aprenderam, e veem a religião como coisa estranha. Mas convencei-vos de uma realidade sempre atual: chega sempre um momento em que a alma não pode mais, em que não lhe bastam as explicações habituais, em que não a satisfazem as mentiras dos falsos profetas. E, mesmo que nem então o admitam, essas pessoas sentem fome de saciar a sua inquietação nos ensinamentos do Senhor."[1]

---

1 *Amigos de Deus*, Quadrante, São Paulo, 2023, n. 260.

Os corações desnorteados, sem perceber, estão pedindo a Deus, com suas incertezas e amarguras, o que suplicava o cego Bartimeu: *Jesus, filho de Davi, tem compaixão de mim!* [...] *Faze com que eu veja!* (Lc 18, 39-41). São almas que repetem com seus olhos e seus corações a súplica de Goethe à beira da morte: "Luz! Mais luz!"

Deus, porém, no seu amor, ao dar-nos Cristo foi infinitamente além dos anseios dos homens. Não nos enviou uma estrela como luz e guia da vida, mas veio Ele mesmo — Jesus, Deus e homem — para ser pessoalmente a nossa luz. *A Luz veio ao mundo!*, exclamava São João (Jo 3, 19). *Eu sou a luz do mundo*, dizia Jesus. *Quem me segue não andará nas trevas, mas terá a luz da vida* (Jo 8, 12).

Desde o prólogo do seu Evangelho, São João fala-nos do drama do coração humano entre a luz e a escuridão, entre a Verdade e a Mentira. Fala-nos da vinda do Verbo eterno, Cristo: *O Verbo se fez carne e habitou entre nós.* [...] *Nele estava a vida, e a vida era a luz dos homens. E a luz brilha nas trevas, mas as trevas não a acolheram.* [...] *Esta era a luz verdadeira, que vindo ao mundo a todos ilumina. Ele veio para o que era seu, mas os seus não o receberam.*

2. Vale a pena abrir-se à Verdade

Mas aos que o receberam — completa —, *deu-lhes o poder de se tornarem filhos de Deus* [...]. *Ninguém jamais viu a Deus. O Filho único, que é Deus e está na intimidade do Pai, foi quem o deu a conhecer.*

Com Jesus, o próprio Deus entra no nosso mundo, como o sol entra na noite (cf. Lc 1, 78); faz-se um de nós, *cheio de graça e de verdade*. E dá-se inteiramente a nós, oferecendo-nos participar *da sua plenitude* (cf. Jo 1, 1-18).

Todos nós, a partir da vinda de Cristo, somos convidados à aventura da Verdade e do Amor, a qual tem dimensões eternas e alegrias sem fundo. *Eu sou o caminho, a verdade e a vida... Eu vim para que tenham vida, e a tenham em plenitude... A vossa tristeza se transformará em alegria... Ninguém vos tirará a vossa alegria* (Jo 14, 6; 10, 10; 16, 20.22).

3. "Aos que o acolheram"

Você já descobriu Cristo? Já O encontrou? Já Lhe escancarou a alma, o coração, a vida? Não? Esteja certo de que só fazendo isso poderá conhecer a Verdade que Ele nos trouxe e viver sob a luz dela. Não se arrisque, por cair numa passividade morna, a perder o coração, extraviado nas sombras.

Quem me encontrar encontrará a vida e gozará das delícias do Senhor, lemos no livro dos Provérbios (8, 35). Essas palavras sobre a Sabedoria divina aplicam-se aos que encontraram a Verdade "única", que está em Cristo Jesus.

Para meditar nesta gozosa realidade, mais do que entrar em disquisições teóricas, acho preferível agora lembrar-lhe algumas vivências, alguns "primeiros encontros" com Cristo, e, fazendo ressaltar a felicidade dos corações que acharam nEle a Verdade, acender o desejo de encontrá-lO.

Comecemos por São João.

É encantador o relato da alegria do seu encontro com Jesus na margem oriental do rio

Jordão, num dia tépido, às quatro horas da tarde. É ele mesmo quem o conta com detalhes no capítulo primeiro do seu Evangelho:

No dia seguinte, João [o Batista] se achava lá,[1] de novo, com dois de seus discípulos. Ao ver Jesus que passava, disse: "Eis o Cordeiro de Deus."[2] Os seus dois discípulos ouviram-no falar e seguiram Jesus. Jesus, voltando-se e vendo que o seguiam, disse-lhes: "Que estais procurando?" Disseram-lhe: "Rabi (nome que, traduzido, significa Mestre), onde moras?" Disse-lhes: "Vinde e vede." Eles foram e viram onde morava, e permaneceram com ele aquele dia. Eram, aproximadamente, quatro horas da tarde (Jo 1, 35-39). Os dois discípulos eram André e João.

O que aquele encontro significou para João, ele conta-o pessoalmente no começo da sua primeira carta: *O que era desde o princípio, o que nós ouvimos, o que vimos com os nossos olhos, o que contemplamos e nossas mãos apalparam sobre o Verbo da vida — porque a Vida manifestou-se: nós vimos e damos testemunho e vos anunciamos essa Vida eterna, que estava com o Pai e apareceu a nós —, o que vimos e ouvimos vo-lo anunciamos*

---

1   Na margem esquerda do rio Jordão, ministrando um batismo de conversão.

2   Uma das maneiras de designar o Messias.

3. "Aos que o acolheram"

para que estejais também em comunhão conosco. E a nossa comunhão é com o Pai e com seu Filho Jesus Cristo. Isso vos escrevemos para que a alegria, nossa e vossa, seja completa (1 Jo 1, 1-4).

Vejamos agora São Pedro. Na sua primeira carta, começa também abrindo o coração aos primeiros cristãos, deixando transbordar seu entusiasmo. Suas palavras captam-se melhor quando se sabe que essa epístola foi escrita quando já estava desencadeada, no Império Romano, a perseguição contra os cristãos e que o próprio Pedro não demoraria a ser martirizado.

> *Bendito seja Deus e Pai de nosso Senhor Jesus Cristo, que na sua grande misericórdia nos regenerou pela ressurreição de Jesus Cristo dentre os mortos, para uma esperança viva, para uma herança incorruptível, que não pode contaminar-se, e imarcessível, reservada nos Céus para vós, a quem o poder de Deus guarda pela fé, para a salvação que está pronta para se manifestar nos últimos tempos.*
>
> *Então rejubilareis, se bem que vos sejam ainda necessárias, por algum tempo, diversas provações, para que a prova a que é submetida a vossa fé, muito mais preciosa que o ouro perecível, o qual se prova pelo fogo, seja digna de louvor, de glória e de honra, quando Jesus Cristo se manifestar.*

> *Sem o terdes visto, vós o amais, sem o verdes ainda, crestes nele, e isto é para vós fonte de uma alegria inefável e gloriosa, porque estais certos de obter, como prêmio da vossa fé, a salvação das vossas almas* (1 Pd 1, 3-9).

São Paulo, por seu lado, falava constantemente da alegria de ter sido encontrado — "alcançado" por Cristo, como ele dizia.

Quando escreve aos filipenses, fala da sua conversão tal como ela se deu: uma mudança repentina operada pela graça de Cristo: *O que antes era para mim lucro, eu o tive como perda por amor a Cristo. Mais ainda, tudo o considero perda, pela excelência do conhecimento de Cristo Jesus, meu Senhor. Por ele, eu perdi tudo e tudo tenho como lixo, para ganhar a Cristo* (Fl 3, 8).

Paulo viveu sempre feliz dentro dessa Luz, no meio de mil trabalhos, perseguições e fadigas. Assim escreve aos coríntios: *Deus, que disse "do meio das trevas brilhe a luz", foi ele mesmo quem reluziu em nossos corações, para fazer brilhar a sua glória, que resplandece na face de Cristo* (2 Cor 4, 6).

E, a partir da conversão, dedicou toda a vida a transmitir a muitos a luz da Verdade divina, com ânsias de que fosse conhecida e amada

3. "Aos que o acolheram"

em todo o mundo. Assim o explica na Carta aos Efésios: *Que Cristo viva pela fé em vossos corações, e que sejais enraizados e alicerçados no amor. Assim tereis condições para compreender com todos os santos qual é a largura e o comprimento e a altura e a profundidade* [do mistério de Cristo], *conhecereis também o amor de Cristo, que excede todo conhecimento, e sereis repletos de toda a plenitude de Deus* (Ef 3, 17-19).

4. "Jesus, que eu veja"

Falamos da alegria inebriante da fé — da Verdade trazida por Cristo — que vemos nos Apóstolos. Acabamos de falar do seu encantamento, desse deslumbramento que durou até a morte; melhor dizendo, que atravessou a morte e foi além, até a eternidade com Deus.

Você não sente ânsias de achar uma Luz assim, uma Luz em que possa mergulhar de corpo e alma, para nela viver e morrer? Se porventura a sente, lembre-se do que Jesus nos disse: *Pedi, e recebereis; buscai, e achareis; batei e vos será aberto* (Mt 7, 7). Comecemos pedindo-a humildemente: "Senhor, que eu veja, que eu te conheça, que eu creia, que não me deixe envolver pelas mentiras e as falsificações do mundo..."

Peçamos a Luz, mas peçamo-la sinceramente. Pois alguns a pedem com medo de recebê-la, porque não estão dispostos a segui-la, não querem mudar nem comprometer-se a ser fiéis.

Desses fala o Evangelho: *A Luz veio ao mundo, mas os homens preferiram as trevas à luz, porque as suas ações eram más. Pois quem faz o mal odeia a luz e não se aproxima dela, para que suas obras não sejam descobertas* (Jo 3, 19-20). Hoje, talvez mais do que nunca, preferem encobrir seus erros com a manta das teorias e as desculpas.

Ficam, então, com uma vida de subsolo, onde não penetra o Sol divino (cf. Lc 1, 78-79). "Alguns", escreve São Josemaria, "passam pela vida como por um túnel, e não compreendem o esplendor, e a segurança e o calor do sol da fé."[1] Os santos, os bem-aventurados, pelo contrário, são inundados pela luz de Deus aqui na terra e, depois, por toda a eternidade, ao chegarem à meta final do Céu, onde *não haverá mais noite, ninguém precisará mais da luz da lâmpada, nem da luz do sol, porque o Senhor Deus brilhará sobre eles, e eles reinarão pelos séculos dos séculos* (Ap 22, 5). "Ante um panorama de homens sem fé, sem esperança; perante cérebros que se agitam, à beira da angústia, procurando uma razão de ser para a vida, tu encontraste uma meta: Ele! — E esta descoberta injetará permanentemente na tua existência uma alegria nova, transformar-te-á, e te apresentará uma imensidade diária de coisas formosas que te

---

[1] São Josemaria Escrivá, *Caminho*, Quadrante, São Paulo, 2023, n. 575.

eram desconhecidas, e que mostram a gozosa amplidão desse caminho largo, que te conduz a Deus."[2]

Quando recebemos com boa vontade a graça da fé, ela nos acorda para um amanhecer inesperado e contínuo. É uma aurora que, pouco a pouco, vai clareando o coração e vai se estendendo até iluminar todas as coisas: o passado, o presente e o futuro.

Romano Guardini escreve que "a Revelação divina é semelhante ao sol: não podemos fitá-lo diretamente com os nossos olhos, mas é graças à sua luz que podemos ver tudo com clareza... Cristo é um mistério que o nosso olhar não pode decifrar, da mesma forma como não pode penetrar a plenitude do sol. Cristo é 'o mistério'. Na medida em que nos unimos a Ele, enxergamos sob a sua luz o mundo, o decorrer da história e a nossa própria vida tal como realmente são".[3]

Quanto mais vamos conhecendo a Verdade, mais nos encantamos com ela; quanto mais a amamos, mais experimentamos a necessidade de conhecê-la mais e de encarná-la no dia a dia. E, quanto mais a vivemos, mais a Sabedoria

---

[2] Idem, *Sulco*, Quadrante, São Paulo, 2023, n. 83.
[3] *Le message de Saint Jean*, Ed. du Cerf, Paris, 1965, p. 113.

(o dom do Espírito Santo que faz nossa alma deliciar-se na verdade divina) leva-nos a novas descobertas antes nunca imaginadas sobre a Verdade. Então, como diz São Paulo, *o homem interior renova-se de dia para dia* (2 Cor 4, 16).

Digamos a Jesus, com palavras de uma oração de Jacques Leclercq: "A vida é conhecer-te. É impregnar-se de ti, até que revivas em nós e a tua alma seja a nossa. A graça que nos dás não tem outro objeto. Ser cristão é ser homem ou mulher de Cristo. Preciso, pois, unir-me a ti, a ti, Jesus, pessoa histórica que nos revelas o amor divino. E não apenas nas tuas palavras, mas na tua vida."[4]

---

4 *O mistério do Deus-Homem*, Quadrante, São Paulo, 1997, p. 54.

5. Umas perguntas que ajudam

Depois do que acabamos de lembrar, perguntemo-nos: e eu, o que faço? Talvez as palavras a seguir nos possam dar sugestões.

Primeiro, conhecer. Sempre, desde o início do cristianismo, os fiéis tiveram uma ânsia muito grande por conhecer com detalhes a vida, o exemplo e os ensinamentos de Jesus Cristo.

— Você lê os Evangelhos, a sequência de todo o Novo Testamento, dedicando um tempo fixo todos os dias a essa leitura? Talvez possa fazê-la de manhã, após suas orações matinais, durante cinco ou dez minutos — lendo devagar, relendo, meditando, gravando e até anotando alguma frase.

— Você já leu a Bíblia inteira, pedindo orientação para descobrir qual é a sequência dos diversos livros que mais o pode ajudar a tirar fruto da Sagrada Escritura?

— Você já leu alguma boa vida de Cristo?

— O que faz para ampliar e aprofundar o conhecimento da doutrina católica? Ficará aquém do catecismo da primeira comunhão? Você sabe que o *Catecismo da Igreja Católica,* na sua edição típica, é uma joia preciosa, uma mina inesgotável de doutrina sobre a fé, a moral, os Sacramentos, a oração? Todos deveriam ter um ou mais exemplares em casa, lendo-o por completo em ciclos amplos (de vários anos), consultando-o, recorrendo a ele e ao seu *Compêndio* para preparar aulas de catequese, palestras de formação, respostas a dúvidas etc.

Em tempo, um alerta sobre o *Catecismo*, já que falamos dele. Talvez você encontre, onde menos esperaria, pessoas categorizadas que menosprezam este *Catecismo*, que fariam o possível para suprimi-lo ou, pelo menos, modificá-lo, desfibrá-lo. São João Paulo II e Bento XVI proclamaram solenemente que esse *Catecismo* é um guia garantido, absolutamente seguro, para conhecer sem erros a doutrina católica. Não faça caso dos detratores. Reze por eles e mantenha-se fiel à Verdade. No próximo capítulo, você irá entender por que alguns fazem isso.

— Você lê todos os dias algum livro de espiritualidade e formação cristã durante ao menos dez minutos? Falo em ler devagar, não folhear... Complete até o fim a leitura dos livros que já

5. Umas perguntas que ajudam

começou ou que lhe foram recomendados. Entre eles, é bom escolher algumas vidas de santos, que são nossos exemplos vivos.

— Você aproveita bem, na internet, as boas plataformas e *sites* católicos? Há muitos, e muito bons, para a transmissão da doutrina, para o aprendizado da meditação, da oração, das virtudes, do apostolado, para o fomento das devoções sólidas... Não fique "bicando" inutilidades ou coisas fragmentárias, curiosidades das redes sociais ou sujeiras de esgoto. Ao lado de tanta falsidade, corrupção e infâmia que a internet transmite (é uma porta aberta ao mundo todo), há, graças a Deus, inúmeras fontes de verdade e de bem.

Segundo: difundir, compartilhar com outros o que você descobriu. São Tomás insiste em que "o bem é de per si difusivo". Um bem guardado só para si mesmo seria egoísta. Só é cristão aquele que, além de ser bom, faz o bem. Vamos examinar, também nisso, alguns pontos concretos.

— Você já leu e meditou este pensamento do livro Caminho? "És, entre os teus, alma de apóstolo, a pedra caída no lago. — Provoca, com o teu exemplo e com a tua palavra, um primeiro círculo...; e este, outro... e outro, e outro... Cada vez mais largo. — Compreendes agora a grandeza da tua missão?" (n. 831).

Será que você — citando ainda *Caminho* — é útil, deixa rastro, ilumina com o resplendor da sua fé e do seu amor? (n. 1). Que faz para tornar esse belo ideal uma realidade?

— Já participou de alguns meios de formação cristã (cursos, palestras, aulas, meditações, retiros), levando consigo alguns dos seus parentes e amigos?

— Recomenda a outras pessoas livros e plataformas de doutrina e espiritualidade cristã que a você fizeram bem? Usa a internet para a difusão de escritos, de ideias católicas claras, de recomendações que possam ajudar os demais?

— Quando sente-se seguro com algum filho, amigo ou colega, você procura seguir este conselho de *Caminho*? "Essas palavras que tão a tempo deixas cair ao ouvido do amigo que vacila; a conversa orientadora que soubeste provocar oportunamente; e o conselho profissional que melhora o seu trabalho [...]; e a discreta indiscrição que te faz sugerir-lhe imprevistos horizontes de zelo... Tudo isso é 'apostolado da confidência'" (n. 973).

No meio das confusões do mundo, devemos sentir-nos responsáveis, chamados a ser "portadores da única chama capaz de iluminar os caminhos terrenos das almas, do único fulgor em que nunca se poderão dar escuridões, penumbras ou sombras. — O Senhor serve-se de nós como tochas, para que essa luz ilumine... De nós depende que muitos não permaneçam em trevas, mas andem por caminhos que levam até à vida eterna".[1]

---

[1] *Forja*, n. 1.

SEGUNDA PARTE
A FIDELIDADE AO BEM

1. A primeira luz

Para compreender o que é a fidelidade ao Bem, acharemos uma luz importante na primeira página da história da humanidade. Abramos a Bíblia no início, no livro do Gênesis. Procuremos os capítulos segundo e terceiro. Lá encontraremos uma verdade histórica muito séria, apresentada mediante um riquíssimo simbolismo. Você provavelmente sabe que, muitas vezes, os mitos e símbolos comunicam melhor o sentido profundo da realidade do que as exposições meramente racionais.

Narrando a obra divina da Criação — *no princípio, Deus criou os céus e a terra* —, o livro do Gênesis apresenta a criação do ser humano como a coroação de toda a grandiosa obra de Deus: *Façamos o homem à nossa imagem e semelhança [...]. Deus criou o homem à sua imagem; criou-o à imagem de Deus. Homem e mulher ele os criou* (Gn 1, 26-27). Foram as únicas criaturas — além dos Anjos — a que Deus concedeu o dom do espírito e da liberdade.

"Em virtude de sua alma e dos seus poderes espirituais de inteligência e vontade", diz o *Catecismo da Igreja Católica*, "o homem é dotado de liberdade, sinal eminente da imagem de Deus" (n. 1705).

A liberdade é um tesouro precioso. Graças a ela vivemos com consciência e autonomia voluntária. Graças a ela podemos querer e amar; mais ainda, podemos transformar toda a nossa vida num ato contínuo de escolha do amor, tanto na alegria como no sofrimento, tanto na saúde como na doença... As vidas dos santos evidenciam esta afirmação.

Deus colocou os primeiros pais num mundo de harmonia e beleza, num Paraíso, símbolo da bondade, da paz e do amor, onde tudo está em sintonia com Deus e todas as criaturas estão em sintonia entre si.

O simbolismo do Gênesis passa, a partir daí, a descrever a grandeza e o drama da liberdade humana. Tudo no Paraíso é bom: foi dado por Deus. Para que a harmonia primordial não se visse destruída, o Criador — que nos fez e é o único que sabe o que é bom para nós —, preveniu os primeiros pais contra o perigo dos enganos.

1. A primeira luz

A Bíblia descreve isso fazendo referência à árvore da ciência do bem e do mal: *Podeis comer do fruto de todas as árvores do jardim; mas não comais do fruto da árvore do bem e do mal; porque, no dia em que dele comerdes, morrereis indubitavelmente* (Gn 2, 15-17).

Aqui entra em cena o inimigo do gênero humano. Aparece o diabo com a voz sinuosa de uma serpente. Ardilosamente, pergunta: "É verdade que Deus vos proibiu comer do fruto de toda árvore do jardim?" *A mulher respondeu-lhe: "Nós podemos comer do fruto das árvores do jardim. Mas do fruto da árvore que está no meio do jardim, Deus disse: "Vós não comereis dele nem o tocareis, para que não morrais."*

"Oh, não!", tornou a serpente. "Vós não morrereis. Mas Deus bem sabe que, no dia em que dele comerdes, sereis como Deus, conhecedores do bem e do mal" (Gn 3,1-5).

Esse "Não, não! Nada disso!" inflamou-lhes o orgulho: "Não precisamos de Deus; nós sozinhos saberemos tudo, diremos o que é o bem e o mal."

O pecado original prostrou a humanidade com a cara no chão. O "não" a Deus conduziu o homem e a mulher à idolatria do próprio "eu", a uma falsa liberdade atrelada ao egoísmo e ao orgulho. E, assim, afogou a Verdade e o Bem no charco do subjetivismo e do relativismo: cada indivíduo atribui-se poderes divinos: quer ser criador de si e mestre do Bem e do Mal.

Nesse caos de valores, desencadeado já no início da história, parece ouvir-se a voz de um poeta espanhol que dizia: "Neste mundo traidor, nada é verdade nem é mentira; tudo é segundo a cor do cristal com que se mira." "Você vê assim, eu vejo de outra forma... E, além disso, 'eu tenho razão' e não tolero que ninguém me imponha nada."

Quando nos afastamos de Deus, fonte da Verdade e do Bem, ficamos sob o domínio dos nossos desejos, desde os mais limpos até os mais arbitrários e abjetos.

"Na realidade", dizia Bento XVI, "centrar a vida em nós mesmos é uma armadilha mortal. Nós só poderemos ser nós mesmos se nos abrirmos ao amor, amando a Deus e aos nossos irmãos."[1]

---

1 Discurso aos jovens em Assis, 17 de junho de 2007.

2. O pai da mentira

Com toda a razão, Jesus chamou ao demônio, à serpente, o pai da mentira.

Na seus últimos dias em Jerusalém, Cristo, em diálogo com os que maquinavam a sua morte, disse-lhes: *Vós sois do diabo, vosso pai, e quereis realizar os desejos de vosso pai. Ele foi homicida desde o princípio, e não permaneceu na verdade, porque nele não há verdade. Quando ele mente, fala do que lhe é próprio, porque é mentiroso e pai da mentira* (Jo 8, 44).

Homicida e pai da mentira. É homicida porque, com seus enganos, procura matar a alma e precipitá-la na morte eterna.

São Josemaria costumava dizer que "o diabo não tira férias". Não acha que hoje está bem ativo, ao ponto de que, em muitos aspectos, estamos mergulhados numa "cultura da mentira"?

O diabo mente com arte. Um pensador francês chamado Ernest Hello, e que mereceria ser mais lido, dizia: "Nada engana com uma força e uma autoridade mais terrível como a verdade mal dita. Ela confere aos erros que a envolvem um peso que tais erros não teriam por si mesmos. Prestigia-os. A mistura de verdade e de erro produz, na boca do mundo, efeitos desastrosos. Faz com que o erro participe do respeito que é devido à verdade. [...] Essa verdade se transforma em mentira pelo tom, pelo contorno, pelo contexto, essa verdade acaba por confundir o bem e o mal, e a gente do mundo então fica contente."[1]

As mesmas ideias exprime, de outra forma, Bento XVI: "Sem verdade, o amor cai no sentimentalismo. Torna-se um invólucro vazio que se pode encher arbitrariamente... O amor, numa cultura sem verdade, acaba prisioneiro das emoções e opiniões dos indivíduos. Uma palavra abusada e adulterada chega a significar o oposto do que é realmente."[2]

Palavras como compreensão, caridade, misericórdia, fraternidade, que nasceram com sentido cristão, ficam profanadas quando se usam equivocamente, transformadas em meios de cumplicidade e conivência com a mentira e o mal. Os que misturam erros e verdades deturpam o princípio cristão de Santo Agostinho:

---

1 *Textes choisis*, Egloff, Friburgo, 1945, pp. 161ss.
2 Encíclica *Caritas in veritate*, n. 3.

2. O pai da mentira

Interficere errorem, diligere errantrem — combater o erro, mas amar a pessoa que erra; denunciar o pecado, mas amar o pecador, procurando convertê-lo, salvá-lo, pois *Deus quer que todos se salvem e cheguem ao conhecimento da verdade* (1 Tm 2, 3-4). Não há salvação para quem persevera na mentira voluntária.

É fato patente que, nos últimos cinquenta anos, a moral ficou dançando como um punhado de folhas mortas num redemoinho. "O que é o Bem, o que é o Mal? Parece que ninguém sabe... O que é certo, o que é errado? O que é pecado, e o que é virtude? Será que isso da moral ainda existe?"

Os valores morais básicos — os quais foram verdades aceitas por todas as culturas e aprofundadas extraordinariamente desde os tempos dos mais antigos filósofos pagãos — parecem ter-se degradado até quase desaparecerem. Atos que ontem eram para todos um crime, como o aborto, agora estão protegidos pela lei.

É como se houvesse uma revolta diabólica contra Deus Criador (cada qual quer ser o único criador de si mesmo, conforme o que sente e prefere), bem como contra Deus redentor, Jesus Cristo nosso Salvador ("tirem os crucifixos das escolinhas, dos colégios, dos tribunais; expulsem Deus da vida pública e encerrem-nO no quarto escuro das consciências malformadas").

3. Uma visita ao inferno

Acabamos de falar da invasão da mentira. Até onde? Até quando? Imitemos Dante Alighieri na sua *Divina comédia* e desçamos por uns instantes ao inferno.

Não sei se você já assistiu ou ouviu falar do filme *Som da liberdade*, que tem como um de seus produtores e protagonistas o ator mexicano Eduardo Verástegui e como personagem principal uma figura interpretada por Jim Caviezel, o Jesus do filme *A Paixão de Cristo*. Trata do hediondo tráfico de menores com fins de exploração sexual.

Em entrevista à revista eletrônica *Omnes*, Verástegui informa que apresentou um projeto de lei em Washington pedindo que se localizasse o paradeiro de nada menos de 85 mil crianças. Quase todas são latino-americanas e entraram nos Estados Unidos pela fronteira com o México entre 2020 e 2022, sem qualquer acompanhamento garantido de adultos. Foram separadas sem os protocolos necessários de segurança, e não se sabe dizer onde foram parar. Trata-se de um tráfico repulsivo que se continua fazendo com milhões de crianças — sem exageros! — em todo o mundo, um tráfico de inocentes que acabam por ser comercializados para a degenerada satisfação sexual desses criminosos.

"Os Estados Unidos", diz Verástegui, "são o consumidor número um do sexo com crianças. Quando ouvi falar do que fazem com elas, lutar contra essa infâmia já não foi para mim um projeto, mas um chamado".

Ao ser questionado sobre a causa dessa aberração, o ator respondeu: "A pornografia é que nos leva a isso, mas as pessoas não se dão conta [tome nota, releia e grave isso, por favor!]. Quando se começa a ver pornografia, começa-se a gerar uma grave dependência. Com isso, não só se destroem famílias e casamentos; essas pessoas também ficam presas a coisas cada vez mais perversas, como a pornografia infantil. Uma vez viciados em pornografia infantil, tornam-se fregueses dos traficantes. Há uma procura tremenda, e essa 'indústria' cresce cada vez mais."

Isso, sem exagero, é tão horrendo como os sacrifícios de crianças que os pagãos faziam e

3. Uma visita ao inferno

ainda fazem aos seus deuses. Só que o deus agora se chama "meu prazer insaciável", que precisa de maiores e mais requintados estímulos.

O mais doloroso é que esses fenômenos não são um caso excepcional, mas a consequência lógica do tipo de ética que se difunde — mesmo em muitos ambientes e centros de ensino católicos — como avançada e moderna. "Já superamos aquela velha moral", dizem alguns, que se jogam nos braços do neomarxismo.

Quando vejo crianças brincando num parquinho, não consigo deixar de dizer: "Aí está o resto de inocência que fica no mundo; é natural que o diabo tente destruí-lo, deixando nas pobres crianças graves ferimentos morais e psicológicos que durarão pelo resto da vida."

Compreende-se que Jesus, com o especial carinho que tinha pelas crianças inocentes, dissesse estas palavras, talvez as mais duras de todo o Evangelho: *Se alguém escandalizar algum destes pequeninos que creem em mim, seria preferível que lhe suspendessem do pescoço uma mó de moinho* — das que são movidas por um asno [a *mola asinaria* da versão latina] — *e o lançassem nas profundezas do mar* (Mt 18, 6). Isso vale especialmente para os que, tendo a missão de levar as crianças a Deus, as destroem com sua imunda concupiscência.

E que dizer dos milhões de crianças suprimidas pelo aborto legal, que deixa multidões indiferentes. Talvez tenha lido a crônica de um fato relativamente recente. Na Inglaterra, onde o aborto é legal, um homem ficou de pé, em silêncio, do outro lado da rua onde havia uma clínica de abortos. Foi condenado pelos tribunais pelo crime de estar ali orando em silêncio, mesmo sem mexer os lábios e nem sequer olhar para a clínica.

Porém, mesmo que essas aberrações existam, sejamos justos: não há só, graças a Deus, essas realidades dolorosas. Estamos assistindo agora — pelo menos no nosso país — a uma impressionante ação renovadora do Espírito Santo, que vai suscitando diariamente, por toda parte, conversões autênticas, anseios por aprofundamento na doutrina cristã, na fé, na moral, nos ideais de santidade; e assim surgem todos os dias iniciativas particulares de obras de misericórdia, cursos de formação católica, novas entidades educativas da infância e da juventude... Uma autêntica bênção de Deus.

Isso tudo deve nos incentivar a pedir, de novo, como Goethe: "Luz, mais luz!" Decidamo-nos a procurá-la, a vivê-la e a transmiti-la.

3. Uma visita ao inferno

Não seja que, por nossa negligência, tenhamos de ouvir a increpação do profeta Isaías: *Ai dos que ao mal chamam bem e ao bem, mal, que colocam as trevas no lugar da luz e a luz no lugar das trevas* (Is 5, 20).

4. Em busca da luz do Bem

Na sua última viagem a Jerusalém, Jesus teve longos debates com os fariseus, escribas e saduceus que estavam decididos a prendê-lO.

Ele acabara de fazer uma afirmação decisiva: *Eu sou a luz do mundo. Quem me segue não andará nas trevas, mas terá a luz da vida* (Jo 8, 12). Já sabemos que a Luz, na linguagem do Novo Testamento, significa a Verdade, o próprio Deus.

O debate contra Cristo foi se acirrando, e num dado momento Jesus disse aos judeus que nEle tinham acreditado: *Se permanecerdes na minha palavra, sereis em verdade meus discípulos, e a verdade vos libertará.*

Muitos dos que ouviram essas palavras se revoltaram: *Somos filhos de Abraão, e jamais fomos escravos de alguém!* Diante disso, Jesus afirma em voz alta: *Se digo a verdade, por que não credes em mim? Quem é de Deus ouve as palavras de Deus; por isso não ouvis, porque não sois de Deus* (Jo 8, 31-47).

E acrescentou algo que todos deveríamos meditar: *Em verdade, em verdade vos digo: quem comete o pecado é escravo do pecado* (Jo 8, 34).

Todos os que se dizem livres e, em nome da liberdade, rejeitam as normas da lei natural e da pregação moral de Cristo como se fossem amarras acabam quase infalivelmente presos por dois pesados grilhões.

Jesus fala do primeiro grilhão quando — como acabamos de ver — afirma que quem faz o pecado fica sendo *escravo do pecado*; sem a ajuda de Deus, não consegue, não é capaz de sair do seu pecado. Já não tem a liberdade de fazer nem o bem que quer, nem o bem que não quer, quando o dever moral lhe pede renúncia e sacrifício.

Os que não admitem verdades morais obrigatórias em consciência (como os que, nos anos 1960, pichavam os muros com o lema "é proibido proibir") chegam a um ponto em que, já não podendo fazer as coisas boas que desejariam fazer, passam a ser os arautos dos seus erros, fazendo deles uma bandeira para contagiar o seu mal.

O pecado repetido escraviza sim, insisto, e você sabe disso — desde o pecado leve que parece mais inocente, como a preguiça de acordar,

4. Em busca da luz do Bem

até os vícios mais nocivos, como o álcool, as drogas, a pornografia e as experiências sexuais cada vez mais barrocas.

A outra corrente que aniquila a liberdade de muitos é a *ditadura da opinião pública*, dos maus costumes generalizados e socialmente aceitos, dos crimes banalizados (eutanásia, aborto), da mídia e das aulas ideologizadas, bem como do ambiente dos colegas e amigos.

A filósofa alemã Jutta Burggraf, entrevistada sobre um livro seu — excelente — intitulado *Liberdade vivida com a força da fé*, dizia: "Em nossas sociedades há 'correntes de ouro'. Reina a tirania das massas e dos costumes. Não é difícil descobrir uma poderosa corrente coletiva que tende a despojar-nos do mais recôndito do nosso ser, com o fim de igualar e massificar os homens."

E continua: "As pessoas acomodam-se ao espírito que lhes parece óbvio. Mas o que elas sentem, pensam ou dizem não é coisa sua, e sim os sentimentos, pensamentos e frases feitas que foram publicadas em milhares de jornais e revistas, na rádio, na televisão e na internet. Se alguém começa a pensar e a atuar por conta própria, se mantém uma opinião divergente da geralmente aceita pelo *sistema* — que se fechou e não admite nada que seja incômodo —, simplesmente é rejeitado. Contudo", conclui a autora, "somos livres, apesar das circunstâncias adversas que podem nos rodear e influenciar. E não só temos o direito, mas também o dever de exercer a nossa liberdade".[1]

---

[1] Jutta Burggraf, *Libertad vivida con la fuerza de la fe*, Rialp, Madri, 2006.

5. O resgate da nossa liberdade

O Bem alcança-se vivendo *bem* a nossa liberdade. Essa é a nossa grandeza. Nós não nos realizamos como seres humanos e como filhos de Deus nem por meio de um automatismo mecânico, nem por processos biológicos, e sim pelo reto uso da razão e do dom da liberdade.

Já citávamos o *Catecismo:* "Em virtude de sua alma e dos seus poderes espirituais de inteligência e vontade, o homem é dotado de liberdade, sinal eminente da imagem de Deus."[1]

"A liberdade", comentava João Paulo II, "foi dada ao homem pelo Criador simultaneamente *como dom e como tarefa...* Por meio dela, o homem é chamado a escolher e a realizar *o bem na verdade*. Escolhendo e exercendo um *bem verdadeiro* na vida pessoal e familiar, na realidade econômica e política, [...] o homem exerce a sua liberdade na verdade. Isso permite-lhe evitar ou superar tantos possíveis desvios que a história registra [...]."

---
1 *Catecismo da Igreja Católica*, n. 1705.

Não para por aí: "Dizer que sou livre significa que posso fazer uso bom ou mau da minha liberdade. Se a uso bem, consequentemente eu próprio me torno melhor, e o bem que realizei influiu positivamente sobre quem me rodeia. Pelo contrário, se a uso mal, as consequências serão o enraizamento e a difusão do mal em mim e no ambiente circundante."[2]

A vida moral é — como escreve São Josemaria — a "aventura da liberdade, porque é com ela que se desenvolve a vossa vida e a minha: livremente — como filhos, não como escravos —, nós seguimos a senda que o Senhor marcou a cada um de nós. Saboreamos esta liberdade de movimentos como uma dádiva de Deus".[3]

Desde os começos da Revelação bíblica dos mandamentos, Deus manifesta a importância que dá à liberdade e, ao mesmo tempo, à responsabilidade que temos de usar bem desse dom do Criador: *Considera*, dizia Moisés ao povo, *que pus hoje diante de ti a vida e o bem, e de outra parte a morte e o mal, para que ames o*

---

2 *Memória e identidade,* Ed. Objetiva, São Paulo, 2005, pp. 45 e 54.

3 "A liberdade, dom de Deus", em *Amigos de Deus,* Quadrante, 2023, São Paulo, pp. 17s.

Senhor teu Deus, e andes pelos seus caminhos, e guardes os seus mandamentos, decretos e preceitos, e assim vivas... Escolhe a vida, para que vivas (Dt 30, 15-16).

Isso não é fácil depois do pecado original e do acúmulo do *pecado do mundo* (Jo 1, 29). "Onde não há amor de Deus, produz-se um vazio de exercício individual e responsável da liberdade."[4]

São João Paulo II, na sua encíclica *Veritatis splendor* (n. 86), escreve: "A razão e a experiência atestam não só a debilidade da liberdade humana, mas também o seu drama. O homem descobre que a sua liberdade está misteriosamente inclinada a trair esta sua abertura para a verdade e para o bem; e que, com bastante frequência, de fato, ele prefere escolher bens finitos, limitados e efêmeros [...]. Portanto, a liberdade necessita de ser libertada. Cristo é o seu libertador: ele *nos libertou, para que permaneçamos livres* (Gl 5, 1)."

---

[4] *Amigos de Deus*, n. 29.

6. O dever da liberdade

O genro de São Thomas More, William Roper, que foi seu primeiro biógrafo, lembra algumas palavras dirigidas pelo santo à esposa e filhos: "Se viverdes em tempos nos quais ninguém vos dê um bom conselho, em que ninguém vos dê bom exemplo, se chegardes a ver a virtude castigada e o vício premiado, então, caso vos mantiverdes firmes e, cheios de convicção, permanecerdes unidos a Deus, aposto a minha vida que, ainda que só sejais medíocres, Deus vos julgará como se fôsseis inteiramente bons."[1]

A liberdade de sermos fiéis à verdade e ao bem, em sintonia com Deus, ninguém no-la pode tirar.

O que São Paulo escrevia aos romanos infunde entusiasmo no coração cristão: *Quem nos separará do amor de Cristo? A tribulação, angústia, perseguição, fome, nudez, perigo, espada? [...] Pois estou convencido de que nem a morte, nem a*

---

[1] William Roper, *La vida de Sir Thomas More*, Eunsa, Pamplona, 2001, p. 23.

vida [...], *nem os poderes, nem a altura, nem a profundeza, nem nenhuma outra criatura poderá nos separar do amor de Deus manifestado em Jesus Cristo, nosso Senhor* (Rm 8, 15-19).

Esse espírito, essa fé, impregnou a alma de incontáveis mártires antigos e atuais: homens, mulheres e crianças que preferiram dar a vida por amor a Deus a renegar a fé ou ceder ao pecado mortal; muitos deles o fizeram cantando, felizes por morrerem fiéis, de olhos postos na eternidade.

Isto é exercer a liberdade interior, esse grande dom de Deus que nada nem ninguém nos pode tirar.

Com poucas palavras, São Josemaria falava da beleza da liberdade cristã: "A liberdade adquire o seu sentido autêntico quando é exercida em serviço da verdade que resgata, quando a gastamos em proclamar o Amor infinito de Deus, que nos desata de todas as escravidões. Cada dia aumentam as minhas ânsias de anunciar em altos brados esta insondável riqueza do cristão: *a liberdade gloriosa dos filhos de Deus!* (Rm 8, 21) Nisso se resume *a vontade boa* que nos ensina a perseguir *o bem, depois de distingui-lo do mal.*"[2]

---
2 *Amigos de Deus*, n. 27.

6. O dever da liberdade

Permitam-me citar aqui um belo testemunho dessa liberdade interior, tal qual o comenta o psiquiatra austríaco Viktor Frankl, criador da escola da logoterapia. Judeu, foi levado, na época do nazismo, a um campo de concentração. A libertação chegou antes de que o matassem, mas depois de terem matado sua esposa na câmara de gás. Anos depois, escreveu vários livros sobre as suas experiências dramáticas.

Num deles, intitulado *Em busca de sentido,* faz as seguintes reflexões: "O ser humano não é uma coisa entre outras; as *coisas* se determinam mutuamente, mas o *ser humano*, em última análise, se determina a si mesmo. Aquilo em que ele se torna — dentro dos limites dos seus dons e do meio ambiente —, é ele que o faz de si mesmo. No campo de concentração, por exemplo, nesse laboratório vivo e campo de testes que ele foi, observamos e testemunhamos alguns dos nossos companheiros se portarem como porcos, ao passo que outros agiram como se fossem santos. A pessoa humana tem dentro de si ambas as potencialidades; qual será concretizada, depende de decisões, e não de condições. [...] Nossa geração é realista, porque chegamos a conhecer o ser humano como ele é de fato. Afinal, ele é aquele que inventou as câmaras de gás de Auschwitz; mas ele é também aquele ser que entrou naquelas câmaras de gás de cabeça erguida, tendo nos lábios o Pai-nosso ou o *Shemá Yisrael*."[3]

---

[3] *Em busca de sentido*, Ed. Vozes-Sinodal, Petrópolis, 1991.

7. O roteiro do Bem

Quero frisar, mais uma vez, que, ao lado da luz da *verdade*, todos precisamos da luz dos *valores* morais, ou seja, da luz do *Bem*, nitidamente separada das trevas do Mal.

Para encontrar essa luz, acompanhemos a cena evangélica daquele jovem rico que tinha sede de uma vida que fosse para sempre. Conta São Mateus que se aproximou correndo de Jesus e, prostrando-se a seus pés, lhe pediu: *Mestre, que devo fazer de bom para ter a vida eterna?* (Mt 19, 16).

Jesus, para começar, recordou-lhe que só Deus é Bom: *Por que me perguntas sobre o que é bom? Só um — Deus — é bom. Se queres entrar para a Vida, guarda os mandamentos.* Este é o caminho. Ao ouvir a palavra mandamentos, o moço perguntou: *Quais?* E Jesus lhe respondeu aludindo aos dez mandamentos da Lei de Deus: *Não matarás, não adulterarás, não roubarás, não levantarás falso testemunho, honra pai e mãe, e amarás o próximo como a ti mesmo* (Mt 19, 1-19).

Nesta resposta de Cristo, há três coisas que devem ser destacadas:

- A primeira, que o Bem só se encontra plenamente em Deus, fonte de todo bem; só Ele nos pode ensiná-lo sem erro.
- Depois, que só se pode viver o Bem livremente: *Se queres entrar para a vida*, diz Jesus. *Se queres*. Antes de mais nada, temos de querer livremente o bem e decidir-nos livremente e sem medo por ele.
- Por fim, que, como Jesus nos recorda, Deus, ao dar-nos os Dez Mandamentos, manifestou-nos o roteiro que conduz à vida eterna (cf. Ex 20, 1-17; 31, 18).

O *Catecismo da Igreja Católica* [1] ensina que, nos Dez Mandamentos, contêm-se as noções fundamentais sobre o bem e o mal, válidas para todos os seres humanos, em qualquer tempo e lugar. "Os Dez Mandamentos ensinam-nos a verdadeira humanidade do homem. Iluminam os deveres essenciais e, portanto,

---

[1] É importante, para a nossa formação, ler assiduamente esse *Catecismo*. Na sua Terceira Parte, há uma excelente exposição da moral católica, com um comentário muito completo sobre cada um dos Dez Mandamentos.

indiretamente, os direitos fundamentais inerentes à natureza da pessoa humana. O Decálogo contém uma expressão privilegiada da 'lei natural'" (n. 2070).

"A lei natural é imutável", diz também o *Catecismo*, "e permanece através das variações da história; ela subsiste sob o fluxo das ideias e dos costumes e constitui a base para o seu progresso" (n. 1958), porque "os preceitos do Decálogo assentam as bases da vocação do homem, feito à imagem de Deus; proíbem aquilo que é contrário ao amor de Deus e do próximo e prescrevem o que lhe é essencial" (n. 1962).[2]

Na audiência geral de 27 de julho de 1983, São João Paulo II ensinava: "A lei moral é a expressão das exigências da pessoa humana tal como foi pensada e querida pela Sabedoria criadora de Deus. A lei moral garante a liberdade e faz com que ela seja liberdade *verdadeira*, dá-nos o poder de realizar o próprio ser pessoal segundo a verdade. A verdade expressa pela lei moral é a verdade do ser, como ele é pensado e querido por Deus."

---

2 Cf. meu *Um cântico à Lei de Deus*, Ed. Quadrante, São Paulo, 2022.

8. O esplendor do Bem

Mas os Dez Mandamentos não são a última palavra. Jesus Cristo, Deus de Deus, Verbo de Deus feito homem, completou a revelação divina sobre a Verdade e o Bem: *Muitas vezes e de diversos modos, Deus falou outrora aos nossos pais pelos profetas; agora falou-nos, nestes últimos tempos, pelo Filho [...], que é resplendor da sua glória e imagem da sua substância* (Hb 1, 1-3).

No início da sua pregação, Jesus afirmou: *Não penseis que vim revogar a lei e os profetas. Não vim revogá-los, mas levá-los à sua plenitude* (Mt 5, 17).

Em que consiste a plenitude? Quando alguém perguntou a Cristo qual era o maior mandamento da lei de Deus, Ele respondeu: *Amarás o Senhor, teu Deus, de todo o teu coração, e de toda a tua alma e de todo o teu entendimento. O segundo é semelhante a esse: Amarás a teu próximo como a ti mesmo. Desses dois mandamentos dependem toda a Lei e os Profetas* (Mt 22, 34-40).

Dependem... Sublinhemos esta última frase. Todos os mandamentos de Deus que se recolhem na Bíblia *pendem, dependem*, do mandamento do amor. Se dele se separam ou o contradizem, perdem valor e caem por terra.

Na encíclica *Veritatis splendor,* São João Paulo II diz:

> Jesus leva a pleno cumprimento os mandamentos de Deus, nomeadamente o mandamento do amor ao próximo, interiorizando e radicalizando as suas exigências [...]. Jesus mostra que os mandamentos não devem ser entendidos como um limite mínimo a não ultrapassar, mas, antes, como uma estrada aberta para um caminho moral e espiritual de perfeição, cuja alma é o amor (cf. Cl 3, 14).[1]
>
> Assim, o mandamento "Não matarás" torna-se apelo a um amor solícito que tutela e promove a vida do próximo; o preceito que proíbe o adultério torna-se convite a um olhar puro, capaz de respeitar o significado esponsal do corpo: *Ouvistes que foi dito aos antigos: Não matarás; aquele que matar está sujeito a ser condenado. Eu, porém, digo-vos: Quem se irritar contra o seu irmão será réu perante o tribunal [...]. Ouvistes que foi dito: Não cometerás adultério; eu, porém, digo-vos que todo*

---

1 Veja-se o capítulo quinto do Evangelho de São Mateus, início do importante Sermão da Montanha.

8. O esplendor do Bem

aquele que olhar para uma mulher, desejando-a, já cometeu adultério com ela no seu coração (Mt 5, 21-22.27-28).

O próprio Jesus é o "cumprimento" vivo da Lei, visto que Ele realiza o seu significado autêntico com o dom total de Si: Ele mesmo se torna Lei viva e pessoal que convida ao seu seguimento, dá, mediante o Espírito, a graça de partilhar a Sua própria vida e amor, e oferece a força para o testemunhar nas opções e nas obras (cf. Jo 13, 34-35).[2]

Poderíamos dizer, com uma metáfora atual, que os mandamentos, levados à plenitude pelo espírito de Cristo, são como uma pista de decolagem — não um hangar de estacionamento — a partir da qual a vida do cristão pode se elevar cada vez mais até às alturas da sua vocação de amor, ou seja, da santidade, do esplendor do Bem.

Por isso entende-se que, quando aquele jovem rico disse a Jesus que já cumpria os mandamentos desde a adolescência, Jesus lhe respondesse: *Ainda te falta uma coisa* (Mc 10, 21); que então passasse a falar-lhe do desprendimento das coisas mundanas e de olhar com

---

2 Cf. *Veritatis splendor*, nn. 12-15.

amor para os bens divinos, a fim de fazer-se um *tesouro no Céu*; e que lhe pedisse segui-lO como ideal ao qual dedicar a vida: *Vem e segue-me!* (Mt 19, 20-21). Ser cristão é isso: dizer sim a esse apelo amoroso de Cristo, que se repetirá até o fim do mundo: *Segue-me.*

Fiel a esse apelo, "a Igreja", diz São João Paulo II, "cada dia olha com amor incansável para Cristo, plenamente consciente de que só nele está a resposta verdadeira e definitiva ao problema moral".[3]

Com grande simplicidade, São João, na sua primeira carta, resume o que acabamos de meditar: *Sabemos que conhecemos Jesus Cristo por isto: se guardamos os seus mandamentos. Aquele que diz: "Eu o conheço", mas não guarda os seus mandamentos, é mentiroso e a verdade não está nele. Mas o que guarda a sua palavra, nesse, verdadeiramente, o amor de Deus é perfeito* (1 Jo 2, 4-5).

---

3   *Ibidem*, n. 84.

9. Fidelidade à Verdade e ao Bem

Falávamos no início deste livro da estrela-guia, símbolo das verdades e dos valores que devem orientar a vida do cristão. Precisamos dessa luz segura, a fim de que, como diz uma bela oração litúrgica, *os nossos corações, no meio das confusões do mundo, permaneçam firmes lá onde estão as verdadeiras alegrias.*

Que garantias temos a respeito da *luz verdadeira* de que fala São João (Jo 1, 9), a fim de que possamos ser fiéis a ela? Alguma vez recorri à imagem de *dois grandes rios de luz*[1] que Deus põe ao nosso alcance para que a vejamos sem enganos: o Magistério da Igreja e o exemplo dos santos. Meditemos um pouco sobre isso.

Primeiro, o Magistério da Igreja.

Jesus nos deixou um modo seguro de continuar a ouvi-lO quando Ele já não estivesse visivelmente presente entre nós.

---

1 Cf. *Otimismo cristão, hoje*, Quadrante, São Paulo, 2008.

Na tarde do próprio dia da Ressurreição, apresentou-se no meio dos onze Apóstolos (Judas já não estava com eles) e lhes transmitiu a sua própria missão redentora no mundo: *Como o Pai me enviou, assim também vos envio a vós. Depois dessas palavras, soprou sobre eles dizendo-lhes: "Recebei o Espírito Santo. Àqueles a quem perdoardes os pecados lhes serão perdoados, e àqueles a quem os retiverdes, lhes serão retidos"* (Jo 20, 21-23).

Pouco antes da Ascensão, conta São Marcos que Jesus reiterou essa missão: *Ide por todo o mundo e pregai o Evangelho a toda criatura. Quem crer e for batizado será salvo* (Mc 16, 16).

E São Mateus conclui seu Evangelho com estas palavras: *Jesus disse-lhes: "Foi me dado todo poder no Céu e na terra. Ide, pois, ensinai todas as nações, batizando-as em nome do Pai, do Filho e do Espírito Santo, e ensinando-as a cumprir tudo quanto vos tenho mandado. E eis que eu estou convosco todos os dias até o fim do mundo"* (Mt 28, 18-20).

O que Jesus quer dizer com isso? Vê-se claramente que quis dar aos Apóstolos — e aos seus sucessores, o colégio dos Bispos — a garantia, o aval, sobre a verdade daquilo que, unidos a Pedro[2] e em harmonia com toda a grande Tradição católica, ensinassem com autoridade até o fim do mundo. Este é o chamado "Magistério da Igreja".

"O ofício de interpretar autenticamente a Palavra de Deus, escrita [a Sagrada Escritura] ou transmitida", diz o *Catecismo da Igreja*, "foi confiado unicamente ao Magistério vivo da Igreja, cuja autoridade se exerce em nome de Jesus Cristo, isto é, foi confiada aos bispos em comunhão com o sucessor de Pedro, o bispo de Roma".[3] São Paulo, consciente disso, chamava à Igreja *coluna e fundamento da Verdade* (1 Tm 3, 15).

A revelação divina, que chegou à sua plenitude em Cristo, é um tesouro que o Senhor confiou à sua Igreja — um tesouro tão rico que nunca se esgotará. Sempre o Espírito Santo moverá a Igreja a aprofundar-se nessas riquezas insondáveis (cf. Rm 11, 33). No entanto, jamais se pode esquecer que é um *depósito confiado* (1 Tm 5, 20), que a Igreja tem a missão de guardar em sua pureza e de fazer frutificar, sem mudá-lo nem dilapidá-lo.

---

2   Cf. Mt 16, 18-19.
3   *Catecismo da Igreja Católica*, n. 85.

Isso quer dizer que a Igreja não cessará de extrair, das riquezas da Verdade e dos valores morais que ela possui, as consequências límpidas (não coisas essencialmente diversas ou contraditórias, nem omissões covardes) que servirão como resposta aos novos problemas morais e às necessidades de cada época.

São João Paulo II dizia: *A Igreja deseja servir a esta única finalidade: que cada homem possa encontrar Cristo, a fim de que Cristo possa percorrer com cada homem o caminho da vida, com a potência daquela verdade sobre o homem e sobre o mundo contida no mistério da encarnação e da redenção, e com a potência do amor que de tal verdade irradia.*[4]

São Paulo VI já havia afirmado: *Não diminuir em nada a doutrina salvadora de Cristo constitui eminente forma de caridade para com as almas. Esta, porém, deve vir sempre acompanhada da paciência e da bondade, de que o próprio Salvador deu exemplo ao tratar com os homens... Ele foi certamente intransigente com o mal, mas misericordioso com as pessoas.*[5]

É preciso insistir em que nunca se pode rebaixar, recortar ou atraiçoar a verdade para

---

4 Encíclica *Redemptor hominis*, n. 13.
5 Encíclica *Humanae vitae*, n. 29.

9. Fidelidade à Verdade e ao Bem

facilitar a aceitação dos que não sintonizam com ela — e até mesmo lhe são contrários. Isso seria fazer algo pior do que Judas, seria degradar a "verdade" reduzindo-a a um produto alterado ao gosto do consumidor... Isso, sim, bem embrulhado em bonitas palavras que "parecem" evangélicas, mas não o são.

O segundo rio de luz são as vidas dos santos.

Alguém já usou esta bela comparação para referir-se aos santos: eles são como as múltiplas facetas de um grande diamante, totalmente iluminado pela luz de Cristo. Cada faceta é como um espelho no qual se reflete, com especial claridade, algum dos traços da infinita santidade de Cristo. Nenhum ser humano pode refleti-la totalmente, a não ser a Virgem Maria, a *panhagia*, a *toda santa* — como a invoca a Igreja oriental —, totalmente pura e sem mancha de pecado algum.

Mas, se é certo que nenhum santo pode refletir totalmente Cristo, Deus providenciou as coisas de maneira a que, em cada um deles, brilhasse com especial destaque algum traço do "rosto" de Cristo: a humildade e a pobreza (São Francisco de Assis), a abnegação generosa (todos os mártires), a misericórdia para com os pecadores (o Santo

Cura d'Ars), o zelo apostólico (São Francisco Xavier), a santificação da vida oculta, do trabalho cotidiano (São Josemaria Escrivá)... Conhecendo as vidas dos santos, vamos entendendo melhor como são o amor e as virtudes de Jesus Cristo.

"Eles eram", dizia São João Paulo II, "os mais iluminados pela autêntica luz que esclarece a verdade divina e que nos aproxima da mesma realidade de Deus, porque se acercavam desta verdade com veneração e amor: amor sobretudo para com Cristo, Palavra viva da verdade divina."[6]

Não estranhe, por isso, que os bons pastores recomendem constantemente aos cristãos a leitura das vidas de santos. Assim o fazia o Cardeal Ratzinger, numa das suas homilias: "Se duvidamos da Igreja, com todas as suas brigas e misérias, olhemos então para esses homens e mulheres que se abriram para Deus, para esses homens em quem Deus ganhou um rosto. Veremos como nos dão luz. Neles poderemos ver quem Deus realmente é; deles poderemos receber a coragem de que precisamos para ser homens. E também serão eles que nos hão de mostrar *o verdadeiro rosto da Igreja*, porque neles

---
6 Encíclica *Redemptor hominis*, n. 19.

podemos enxergar o que a Igreja é e para que existe, e que frutos dá, apesar da miséria dos seus membros."[7]

---

[7] *Homilias sobre os santos*, Quadrante, São Paulo, p. 69.

TERCEIRA PARTE
A FIDELIDADE AO AMOR

1. "Deus é Amor"

Para começar esta terceira parte, meditemos nestas palavras do Apóstolo São João, as quais resumem o que Cristo significa para nós: *Tanto amou Deus o mundo que entregou seu Filho único, para que todo o que nele crer não pereça, mas tenha a vida eterna* (Jo 3, 16).

Já no término da sua longa vida, o mesmo João quis gravar a fogo a certeza de que Deus é o Amor eterno que nos ama infinitamente: *Deus é Amor. Nisto se manifestou o amor de Deus entre nós: Deus enviou seu Filho Unigênito ao mundo para que vivamos por ele. Nisso consiste o amor: não fomos nós que amamos a Deus, mas foi Ele que nos amou primeiro e enviou-nos o seu Filho como vítima de expiação pelos nossos pecados* (1 Jo 4, 8-10).

Deus é assim. Desde toda a eternidade, Ele ama pessoalmente cada um de nós, sempre nos busca e nos atrai, chamando-nos pelo nosso nome para que vivamos, aqui na terra e depois no Céu, em união felicíssima de amor com Ele.

Não é só isso. Deus, que *é* o Amor, criou-nos *à sua imagem e semelhança,* ou seja, à imagem e semelhança do Amor infinito, o que significa que o ser humano foi criado "capaz de amar" sem limite: tanto pelo fato de termos sido feitos semelhantes a Deus, como por termos sido elevados sobrenaturalmente, pela graça santificante, à condição de *filhos muito amados* dEle (Ef 5, 1) — a *participantes da natureza divina*, como diz São Pedro (2 Pe 1, 4), capazes assim de amar com a *potência* do amor de Deus, porque *o amor de Deus foi derramado em nossos corações pelo Espírito Santo que nos foi dado* (Rm 5, 5).

Fazendo eco a essa feliz verdade, o *Catecismo da Igreja Católica* começa afirmando: "O homem é capaz de Deus", ao que cita a famosa frase com que Santo Agostinho iniciou suas *Confissões*: "Fizeste-nos, Senhor, para ti, e o nosso coração estará inquieto enquanto não descansar em ti."[1]

---

1   *Confissões*, I, 1, 1.

2. Deus é o Amor fiel

Lembro-me de que, no mês de março de 1954, estando eu recentemente chegado a Roma para concluir os estudos em Teologia e Direito Canônico, tive a bênção de participar de um retiro espiritual no qual, além do pregador encarregado, São Josemaria pregava duas meditações por dia. Ficou-me gravado o calor com que, numa das primeiras, nos falava da nossa vocação específica, glosando duas frases dos profetas Jeremias e Isaías:

> *Eu te amei com um amor eterno, por isso eu te atraí a mim, na minha misericórdia* (Jr 31, 3).

> *Não tenhas medo... Eu te redimi e te chamei pelo teu próprio nome: tu és meu!* (Is 43, 1).

Era tocante ouvi-lo glosar estas palavras. Não só nos ajudava a entender que a nossa vocação — como a vocação de todos os cristãos, filhos de Deus — é um dom do amor divino, mas também que Deus nos tem, por assim dizer, dentro do seu Coração desde sempre e para sempre.

Em outra meditação, que teve como tema a filiação divina do cristão, reforçava essa verdade comentando palavras da Carta de São Paulo aos Efésios: *Bendito seja o Deus e Pai de nosso Senhor Jesus Cristo, que nos abençoou com toda sorte de bênçãos espirituais nos céus, em Cristo. Nele, ele nos escolheu antes da criação do mundo para sermos santos e irrepreensíveis diante dele no amor* (Ef, 1, 3-4).

Quantas vezes não lhe ouvi depois repetir essa frase, especialmente nos dias de maio-junho de 1974, quando esteve conosco no Brasil: *Ele nos escolheu antes da criação do mundo, para sermos santos...*

Amados e escolhidos por Deus desde toda a eternidade, os filhos de Deus sabemos que, da parte de Deus, esse amor não vai falhar, pois Deus é fiel: É *fiel o Deus que vos chamou à comunhão com o seu Filho Jesus Cristo*, lembra São Paulo (1 Cor, 1, 9). Nós é que podemos afastar-nos dEle, esquecê-lO, rejeitá-lO como um estorvo, tratá-lO como um intruso ou um concorrente inoportuno. Muitos, infelizmente, fazem isso.

2. Deus é o Amor fiel

Mas, mesmo então, enquanto estivermos nesta terra, Deus nunca deixará de ser, para nós, o Pai amoroso do filho pródigo, com a sua porta e seus braços abertos, "louco" para nos abraçar, para nos acolher em sua casa com a maior festa, bem como para nos revestir dos tesouros da sua graça. Basta para isso um único gesto nosso, sincero, de amor arrependido: *Pai, pequei contra o Céu e contra ti, já não sou digno de ser chamado teu filho...* (Lc 15, 20-24).

3. Como é o amor que Deus tem por nós?

O amor que Deus tem por nós é modelo do amor fiel que deveríamos ter para com Ele e uns com os outros.

Um primeiro traço da fidelidade com que Deus nos ama está em que consiste num amor que sempre nos precede. Ele não espera que nós O amemos para nos devolver amor. Sem que nós Lhe demos nada, e mesmo que O ofendamos, já deu de antemão a sua vida por nós. *Deus demonstra seu amor para conosco* — escreve São Paulo — *pelo fato de Cristo ter morrido por nós quando éramos ainda pecadores* (Rm 5, 8). Trata-se de um traço do amor divino que São João repisa em sua primeira Carta: *Nisto consiste o Amor: não fomos nós que amamos a Deus, mas foi ele que nos amou primeiro e enviou seu Filho como vítima de expiação pelos nossos pecados* (1 Jo 4, 10).

Deus sempre se antecipa, sempre dá o primeiro passo. O que foi que a humanidade fez, que fizemos nós, para que Deus se fizesse homem — *nosso irmão* (Rm 8, 29) —, para que vivesse entre nós, e para nós, com uma vida humilde, abnegada, sacrificada, e acabasse espetado com pregos numa Cruz, com o corpo e a alma dilacerados?

Não fizemos nada. Só ofendê-lO. Só excitar a sua comiseração, a tal ponto que Ele mesmo decidisse vir a nós, ser *provado em tudo como nós, com exceção do pecado* (Hb 4, 15), e curar como Médico as feridas dos nossos pecados, que nós não poderíamos fechar.

O que Deus fez pela humanidade, continua a fazê-lo agora por cada um de nós, apesar da nossa ingratidão e da nossa indiferença (a indiferença que é a "marca registrada" da apostasia, da rejeição de Deus nestes últimos séculos).

Numa das suas mais belas páginas, o profeta Isaías põe na boca de Deus estas palavras: *Acaso uma mulher esquece o seu filhinho, ou o amor ao filho de suas entranhas? Mesmo que alguma se esqueça, eu jamais me esquecerei de ti* (Is 49, 15).

Sim. O amor de Deus é fiel. Bento XVI usa uma expressão forte: "Deus é um amante com toda a paixão do verdadeiro amor [...]. Na história de amor que a Bíblia nos narra, Ele vem ao nosso encontro, procura conquistar-nos — até a Última Ceia, até o coração trespassado

3. Como é o amor que Deus tem por nós?

na Cruz, até as aparições do Ressuscitado [...], incessantemente vem ao nosso encontro [...]. Ele nos amou primeiro e continua a ser o primeiro a amar-nos [...]. Dessa 'antecipação' de Deus pode, como resposta, despontar também em nós o amor."[1]

Será que vai despontar?

Outro traço do amor de Deus por nós é uma generosidade plena, uma doação que ultrapassa toda medida e toda compreensão. Ao iniciar o relato dos últimos momentos da vida de Cristo, no capítulo treze do seu Evangelho, São João começa dizendo umas palavras que exprimem essa realidade: *Antes da festa da Páscoa, sabendo Jesus que chegara a hora de passar deste mundo para o Pai, tendo amado os seus que estavam no mundo, amou-os até o fim* (Jo 13, 2).

Até o fim sugere que Jesus nos amou até o último suspiro, mas sobretudo indica que Jesus nos amou até o extremo, até o limite máximo da entrega, morrendo por nós na Cruz e deixando-nos este seu sacrifício presente no mistério da Eucaristia. Na sua primeira carta, São João diz: *Nisto conhecemos o Amor: em que Ele deu a sua vida por nós* (1 Jo 3, 16).

---

[1] Encíclica *Deus caritas est*, nn. 10 e 17.

E nós? Ficamos satisfeitos dando a Deus uma "esmolinha", uns trocadinhos de oração inconstante e distraída, uns gestos de devoção meio supersticiosos, uma prática religiosa que não exige quase nenhuma renúncia?

São Josemaria perguntava: "Cristo morreu por ti. — Tu... que deves fazer por Cristo?"[2]

Mais um traço que define a fidelidade do amor de Deus por nós é o seguinte: Deus não se cansa das nossas infidelidades.

Não se cansa por mais que as nossas infidelidades sejam numerosas e continuadas. Poderíamos dizer — como alguém comentava com uma hipérbole não muito teológica — que há duas coisas que o Deus todo-poderoso "não pode" fazer: fazer o mal e deixar de nos amar.

Ele ama com paciência. Assim fez Jesus com os Apóstolos, homens com defeitos iguais a nós. O coração de São Pedro, por exemplo, era uma liga de grande carinho e grande fraqueza. Mais de uma vez, deu "um tremendo fora", para falar com nossa linguagem cotidiana.

Homem de pouca fé, por que duvidaste?, teve de lhe dizer Jesus quando, depois de ter conseguido que começasse a andar milagrosamente sobre o

---

[2] *Caminho*, n. 299.

mar, Pedro duvidou, assustou-se, pediu socorro e começou a afundar (Mt 14, 28-31).

Para trás, Satanás, tu me serves de pedra de tropeço, porque não pensas como Deus, mas como os homens. Jesus fez-lhe essa correção enérgica quando Pedro, com um carinho mal entendido, tentou afastá-lO de sua missão divina: a de realizar o plano da Salvação do mundo por meio do sacrifício redentor da Cruz (cf. Mt 16, 22-23).

Simão, filho de João, tu me amas mais do que estes? Que maravilha! Essa pergunta carinhosa de Cristo, após a ressurreição, repetida três vezes na praia, a sós com Pedro, foi a resposta que nosso Senhor deu às suas três negações, às três traições de Pedro na casa do Sumo Sacerdote.

Outro traço do amor de Deus, palpável na vida de Jesus, é que Deus ama cada filho seu como se fosse o único. Trata-se de um amor pessoal, tão desconcertante que levava São Paulo a escrever aos gálatas: *Vivo na fé no Filho de Deus, que me amou e se entregou a si mesmo por* mim (Gl 2, 20). Com isso, dizia a pura verdade, algo que você e eu podemos afirmar sem a menor hesitação.

"Jesus procura-nos", dizia São Josemaria, "como procurou os discípulos de Emaús, indo ao seu encontro; como procurou Tomé e lhe mostrou as chagas abertas nas mãos e no lado, fazendo com que as tocasse com seus dedos. Jesus Cristo está sempre à espera de que voltemos para Ele, precisamente porque conhece a nossa fraqueza."

Procura-nos ativamente, um por um, como mostra a bela parábola da ovelha centésima. *Que vos parece?*, perguntava Jesus. *Se um homem possui cem ovelhas e uma delas se extravia, não deixa ele as noventa e nove nos montes e vai à procura da extraviada? Se consegue achá-la, em verdade vos digo, terá maior alegria nela do que nas noventa e nove que não se extraviaram* (Mt 18, 12-13). Jesus não brinca, não fala por falar, diz o que pensa e sente, fala o que agora mesmo está procurando fazer por você e por mim, com a sua graça, quando nos afastamos dEle, ainda que nosso coração nada perceba.

Não vemos como seu amor é fiel?

QUARTA PARTE
A NOSSA FIDELIDADE AO AMOR

1. Só o amor nos realiza

Carlos Cardona, autor conhecido por suas obras de metafísica, oferece-nos umas palavras que servirão de pórtico a esta quarta parte do livro: "A verdadeira e profunda vida do homem consiste em amar. A vida espiritual, ou é amor ou não é nada. O espírito vive como tal espírito na medida em que ama. Se não ama, está morto, carece da sua operação vital específica [...]. É o amor o que qualifica a vida do homem, torna-o radicalmente bom ou mau segundo a direção do seu amor, e é o amor o que proporciona à pessoa o seu valor real e decisivo. Aqui e só aqui é onde realmente somos todos iguais: na nossa capacidade de amar."[1]

A capacidade de amar é, como víamos, o toque de Deus nas nossas vidas. É uma capacidade "participada", pois procede da nossa semelhança com o Amor que nos criou e da graça do Espírito Santo recebida no Batismo.

Essa participação no amor infinito é, ela mesma, infinita. Como diz o Cântico dos

---
1 *Estudios sobre "Camino"*, Rialp, Madri, pp. 176-177.

Como resgatar os valores que esquecemos?

Cânticos, águas torrenciais não puderam extinguir o amor, nem rios poderão afogá-lo (Ct 8, 7). Porque o amor cristão é um mundo sem limites. Nunca chegaremos a amar plenamente nesta terra; nosso amor sempre poderá crescer, até alcançar a sua plenitude no Céu.

Perguntemo-nos, então, por que o amor a Deus e ao próximo está sendo cada vez mais frágil, por que o amor conjugal murcha tão rapidamente, por que é tão raro encontrar amizades que durem a vida inteira, amores capazes de atravessar todas as tormentas, todas as tentações, bem como os contágios do mundo paganizado.

A resposta, como você já imagina, está no desconhecimento quase total do que seja a fé e o amor cristãos, assim como na ausência ou escassez de modelos e experiências desse amor autêntico (não só desvalorizado por muitos, mas também combatido).

Nesta quarta parte do livro, não pretendo fazer um estudo, mais ou menos a fundo, sobre a caritas, o ágape, ou seja, sobre o amor cristão.[2] Não é o lugar para isso. O que, sim, acho possível é focalizar brevemente alguns traços desse amor — os que julgo mais importantes,

---
2 Uma reflexão excelente e profunda sobre o amor cristão consta na encíclica *Deus caritas est*, do Papa Bento XVI.

juntamente com alguns dos mais esquecidos, e até mesmo mais rechaçados, pela "cultura" atual.

2. O veneno mortal: o egoísmo

Otto Lara Resende, numa de suas crônicas, tem uma frase rotunda: "O egoísmo é um brejo."[1] Sim. É um brejo no qual as pessoas se afundam, no qual atolam todos os belos propósitos, no qual definham os bons amores, no qual naufragam as possibilidades fantásticas que, com Deus, teriam sido possíveis.

A imagem do brejo lembra-me o final de um texto que Guimarães Rosa incluiu no seu livro *Sagarana*. Nele, a aventura de um simpático pilantra, Lalino Salãthiel, termina bem, inclusive com o retorno dele à esposa abandonada. Enquanto isso, lá perto, no brejo, os sapos parecem participar da alegria coachando: "É eu! É eu! É eu!"

Uma parte muito grande da sociedade e da cultura atual não passa de um imenso brejo, em que os sapos cantam monotonamente: "eu", "eu", "eu". "Eu tenho direito, é o meu direito, eu quero, é o que eu quero..." Não se escuta

---

[1] "O príncipe e o sabiá", Companhia das Letras, São Paulo, p. 308.

quase nunca um canto da saparia que diga "és tu, és tu, és tu". Nem essa letra musicada: "É meu dever, é meu dever, é meu dever de amor..."; e menos ainda se escuta a antiquada palavra "virtude".

O egoísmo é a antítese do amor. Amor é abertura para acolher e dar. O egoísmo é um funil estreito que não deixa passar nada a não ser o que a cada um pode satisfazer. Falando aos jovens, em 2007, Bento XVI lhes dizia: "Na realidade, centrar a vida em nós é uma armadilha mortal: somente poderemos ser nós mesmos se nos abrirmos ao amor, amando a Deus e aos nossos irmãos."[2]

Fora do amor, não somos nada. De tanto pensar em nós, de tanto rodar ao redor do eixo do eu, acabamos enjoados e derrubados por qualquer contrariedade.

Para conseguir o retrato falado do nosso egoísmo, pode nos ajudar o exame que propunha São Bernardo: "Examina com cuidado o que *amas* [o que "queres"], o que *temes*, o que te *alegra*, o que te *entristece*...Todo o coração consiste nesses quatro afetos."[3] Você terá coragem de pegar um papel e anotar os resultados desse exame?

---

[2] Discurso aos jovens em Assis, 17 de junho de 2006.
[3] *Sermão no começo do jejum*, n. 2, par. 3.

2. O veneno mortal: o egoísmo

Se o fizermos, é possível que percebamos que o que nós queremos, o que tememos, o que nos alegra e o que nos deixa tristes são desejos grudados obsessivamente ao nosso "eu": sentimentos, reações e ambições egoístas.

Tentemos sair do brejo e avançar pelo campo do amor.

3. Sentimentos e vontade

Provavelmente já ouvimos falar muitas vezes dos enganos do sentimento, sobretudo do sentimentalismo.

Se não "sentimos" com uma emotividade palpável (de entusiasmo, de afeto, de alegria, de esperança etc.), facilmente achamos que, na realidade, não estamos querendo, não estamos amando. Isto é um engano perigosíssimo, tanto no âmbito de nossas relações com Deus quanto no âmbito do relacionamento com os outros.

Quantos não largam a oração, a comunhão e outras práticas cristãs porque "não sentem nada"! Desejariam que a vida religiosa tivesse sempre o enlevo gostoso do fervor, o calorzinho da devoção. Esquecem que o amor, neste caso a caridade para com Deus, reside principalmente — essencialmente — na vontade, no querer, na decisão consciente de dar a Deus o que Ele nos pede, o que lhe agrada, isto que sempre é o nosso bem.

Veja o que Jesus ensinava: *Nem todo aquele que me diz "Senhor, Senhor" entrará no Reino dos Céus, mas sim aquele que pratica a vontade de meu Pai que está nos Céus* (Mt, 7, 21). Como na agonia de Jesus no Horto de Getsêmani, a pessoa que ama, ou quer amar, diz a Deus: *Pai! Não o que eu quero, mas o que tu queres* (Mc 14, 36).

Coisa análoga poderia dizer-se do amor ao próximo, tanto do amor humano entre os esposos como do amor entre pais e filhos e do afeto leal entre amigos e colegas. Na encíclica sobre a caridade antes citada, Bento XVI escreve: "Querer a mesma coisa e rejeitar a mesma coisa é, segundo os antigos, o autêntico conteúdo do amor: um tornar-se semelhante ao outro que leve à união do querer e do pensar."[1]

A psicoterapeuta italiana M.C. Migliarese comenta que "as emoções são, ao mesmo tempo, um estado da mente e do corpo. Tudo o que nos chega através dos sentidos nos 'toca' de um modo prazeroso ou desagradável, colorindo-se de emoções, e marca o ponto de partida tanto das percepções como das ideias. [...] Mas as sensações e as emoções, por sua própria natureza, são imediatas e instáveis. [...] As emoções apagam-se rapidamente, acompanhadas de uma voracidade que nos deixa continuamente famintos; é como empanturrar-se

---
[1] Encíclica *Deus caritas est*, n. 17.

3. Sentimentos e vontade

sem nutrir-se: um alimento que atrai nossos sentidos sem alimentar-nos e que, portanto, não sacia nem a mente, nem o coração."[2]

Deixar nosso amor à mercê dos sentimentos é como embarcar no oceano dentro de um barco de papelão. Infelizmente, não é raro que muitos — especialmente muitas, pois a mulher costuma ser mais emotiva — deixem que o coração pule por cima do cérebro e o abafe. Quando acordam, o desastre já aconteceu.

O amor fiel é o que *se empenha* — repito, se empenha — tanto em relação a Deus como em relação ao próximo: em fazer o que sabemos que Deus quer, o que faz bem, o que é melhor, gostemos ou não, sintamos ou não, "com frio ou com calor", como costumava dizer São Josemaria, "com vontade ou sem vontade". Um exemplo disso são as tantas mães generosas que têm de acordar várias vezes à noite para amamentar o bebê, sem deter-se a pensar se gostam, se sentem ou se têm vontade. Não "gostam", como é lógico. Mas "querem"... porque amam.

---

[2] *O alfabeto os afetos*, Cultor de Livros, São Paulo, 2023, pp. 10--11.

4. Saber amar "o outro"

É péssimo amar-nos a nós mesmos nos outros, isto é, amá-los só quando correspondem aos nossos desejos e são o espelho das nossas vontades. O egoísta fecha-se numa cápsula espelhada onde só é capaz de ver-se a si mesmo em tudo, de procurar em tudo e em todos a imagem dos seus gostos e interesses.

O amor é sempre "êxodo", ou seja, saída de si mesmo para ir à procura do "outro": para compreendê-lo, para descobrir o que precisa, para comunicar-lhe o que lhe fará bem, para dar-lhe a compartilhar pedaços da nossa vida, ou a nossa vida inteira.

Faz-nos muito mal o vício de manter dentro de nós duas imagens de cada pessoa. Por um lado, a "imagem ideal", isto é, o que *nós gostaríamos* que a pessoa fosse. Por outro, a imagem real, o que a pessoa *realmente é*.

A falta de aceitação da imagem real, que é a única que existe ("não é o que eu imaginava, não é o que esperava, não é o que eu queria"), é a causa de muitos conflitos entre esposos, entre pais e filhos. "Eu me desiludi, eu me cansei de esperar uma mudança"; "até agora não vivi a minha vida: está na hora de vivê-la"... Tudo isso se poderia resumir numa frase: "Você nunca amou, você matou toda a sua capacidade de amar com o câncer do egoísmo!"

Deixe de ser o "centro" à volta do qual Deus e o mundo devem girar. Esse câncer de que falo tem uma malignidade especial, porque nos deixa cegos e faz com que nos recusemos a reconhecê-lo. A culpa, o problema, é sempre dos outros.

Você não vê que, agindo assim, está enterrando a sua vocação de amor? Ouça Santo Agostinho, falando do amor a Deus: "Deus quer fazer-te semelhante a Ele, e tu tentas fazer Deus semelhante a ti. Procura gostar de Deus tal como Ele é, e não como tu gostarias que fosse. Tens o coração pervertido e queres que Deus seja como tu és, e não como Ele é. Se amasses a Deus como Ele é, então teu coração seria reto, estaria sempre orientado na direção do amor do qual agora estás tão afastado."[1]

Quantas vezes ferimos assim os nossos amores humanos! Parece que não somos capazes

---

1 *Sermão* IX, 8, 9.

4. Saber amar "o outro"

de dizer à esposa, ao marido, aos filhos, como escreve Jutta Burggraf: "Eu te amo por seres quem és, e não — nem em primeiro, nem em segundo lugar — pela tua beleza ou a tua inteligência, nem por tua riqueza ou tua musicalidade. Podes contar comigo através de todas as provações e vicissitudes da vida."[2]

"A medida do amor", diz M. C. Migliarese, é "acolher-se mutuamente, dando crédito à diferença [...]. O amor está onde permitimos o outro ser ele mesmo e, portanto, diferente de nós, para descobrir que, se renovarmos a confiança nele, voltaremos a experimentar, outra vez, esplêndidos momentos em que poderemos entender-nos além de qualquer palavra."[3]

---

2 Jutta Burggraf, *Libertad vivida con la fuerza de la fe*, p. 194.
3 *Op. cit.*, p. 39.

5. Amar fielmente é dar-se constantemente

Jesus tem, por assim dizer, duas autobiografias, as quais se resumem com as palavras "dar a vida":

> *O Filho do Homem* — o Messias, o Cristo — *não veio para ser servido, mas para servir e dar a sua vida pela redenção de muitos* (Mt 20, 28).
> *Ninguém tem maior amor do que aquele que dá a sua vida por seus amigos. Vós sois meus amigos...* (Jo 15, 13).

Em sintonia com essas afirmações, disse aos Apóstolos: *Este é o meu preceito: amai-vos uns aos outros como eu vos amei* (Jo 15, 12).

Diante disso, podemos resumir em poucas palavras o que é ser cristão. É viver dando-nos, e dando por amor. Primeiro a Deus e, depois, aos nossos irmãos. Esse "dar" não é nem uma negação, nem uma perda, mas máxima afirmação. O paradoxo cristão consiste em que, para realizar-nos plenamente a nós mesmos, o caminho certo é esquecer-nos e dar-nos o máximo possível, por amor. Jesus prometeu-nos essa realização, e os santos a confirmam com sua experiência. Aliás, são os únicos que a experimentaram de verdade. Tinha razão Léon Bloy quando dizia que a única tristeza está em não sermos santos.

Saboreemos as palavras com que Jesus insistiu nesse ideal de vida cristã, quando ia se entregar totalmente por nós na Eucaristia e na Cruz: *Permanecei no meu amor.* [...] *Eu vos digo isso para que a minha alegria esteja em vós e a vossa alegria seja completa* (Jo 15, 9-11). Isso foi horas antes de "dar-se", de oferecer até a última gota do seu sangue por nós. Jesus não brincava de fazer frases bonitas. Dizia a verdade.

Apliquemos esse critério cristão às pessoas que Deus confiou especialmente ao nosso amor, aos nossos cuidados, e perguntemo-nos, pensando em cada uma delas:

— Quantas vezes, hoje, eu dei alegria e fiz sorrir a esposa, o marido, tal filho ou tal amigo, tal colega, deliberada e conscientemente, com uma palavra amável, com um olhar ou um sorriso afetuoso?

5. Amar fielmente é dar-se constantemente

— Quantas vezes dei ânimo a essa pessoa com uma palavra de incentivo, com um louvor discreto pelo seu trabalho, por uma virtude sua, com um carinhoso agradecimento por detalhes pequenos?

— Quantas vezes "não dei" o que prejudica, isto é, evitei comentários negativos de queixa, de crítica, de lamentação, para não deixar abatida essa pessoa?

— Se tive de fazer uma observação, uma correção ou uma advertência, fiz isso com simpatia, mostrando claramente o desejo de ajudar e acrescentando algum detalhe de carinho?

— Sou uma espécie de Cassandra (a filha do rei de Troia que só anunciava desgraças)? Comento notícias, coisas da mídia, assuntos políticos, desgraças, fatos desagradáveis que só podem fomentar o pessimismo dos outros?

— Sei me calar? Sei esperar? Sei perdoar?

— Sou um incentivo para a esperança cristã, para o desejo de Deus, para a paz espiritual das pessoas queridas, estando ciente de que aproximá-las delicadamente de Deus e da prática cristã, sem necessidade de fazer sermões, é o maior bem que lhes posso fazer?

— Entendo a verdade desta frase de São Josemaria: "A dor é a pedra de toque do amor"?[1] Entendo que, onde há mais amor, há mais capacidade de sofrer sem dar importância, de praticar o que dizia Santo Agostinho: "Quando se ama, não há fadiga; ou, se houver, amamos a fadiga mesma"?[2]

---

[1] *Caminho*, n. 439.
[2] *De bono viduitatis*, n. 26.

6. A fidelidade renova o amor

"Neste caminho de Amor que é a nossa vida", dizia, perto do fim da vida, São Josemaria, "tudo fazemos por Amor, com um Amor que os nossos erros pessoais não debilitam. Por Ele, com Ele, para Ele e para as almas vivo eu. Do seu Amor e para o seu Amor vivo eu, apesar das minhas misérias pessoais. E apesar dessas misérias, talvez por causa delas, é o meu Amor um amor que todos os dias se renova".[1]

"Um Amor que todos os dias se renova." Eu diria que esta frase é uma *definição perfeita da fidelidade no amor*. Um velho terno, esquecido no fundo de um armário, com o tempo torna-se imprestável, estragado pela umidade, o mofo e a traça. Assim acontece com muitos amores a Deus e ao próximo que, ficando "rotineiros", acabam por desmanchar-se.

Quando o amor está na cabeça e no coração, é como uma lareira, que crepita, aquece

---

[1] Citado pelo Beato Álvaro del Portillo em *São Josemaria Escrivá, instrumento de Deus*, Quadrante, 1992, p. 21.

e lança fagulhas de bondade, de renovação, de carinho. Mas, se deixamos que a lareira se apague, do nosso amor só vão sobrar as cinzas. E aquele espaço interior que, no início, o amor ocupava agora vai se encher de preocupações egoístas, queixas, cansaços, decepções, tédio, ressentimentos e tristezas... De mau humor.

Muitas pessoas deveriam sentir-se interpeladas por esta censura de Jesus no Apocalipse: *Conheço a tua conduta. Tens fama de estar vivo, mas estás morto. Vigia! Reaviva o que te resta, que estava para morrer* (Ap 3, 2). Veja que o que ainda lhe resta pode definhar vítima da sua passividade, da sua acomodação, e que — se você continuar assim — o amor vivo e normal lhe parecerá exagero.

O que o amor não suporta — melhor dizendo, o que a caridade infundida em nós pelo Espírito Santo não suporta — é a inércia, é o esquecimento, é a acomodação morna, é a autoinfecção pelo vírus da mesmice e do comodismo. São Tomás de Aquino diz que, quando alguém não corresponde à graça que Deus lhe oferece, *Deus aufert ei* — Deus a retira dele.

Ao mesmo tempo, Deus nos diz: *A tua juventude renova-se como a da águia* (Sl 103, 5); pode ressurgir como a mitológica ave Fênix, que

6. A fidelidade renova o amor

renascia das próprias cinzas. Peçamos a Nossa Senhora que nos ajude a reavivar nossos amores do Céu e da terra como explica São Josemaria: "O amor à nossa Mãe será sopro que atice em fogo vivo as brasas de virtude que estão ocultas sob o rescaldo da tua tibieza."[2]

O amor, com a graça, pode fazer milagres. É claro que é Deus quem os faz, mas Ele precisa de que nos *empenhemos em amar*. Que maravilha o que a *Imitação de Cristo* diz do amor: "Quem ama voa, corre, rejubila-se, é livre e nada o pode conter... Muitas vezes o amor não conhece medida, mas arde sem medida alguma. O amor não sente peso, não liga ao cansaço, desejaria fazer mais do que pode; não aduz como pretexto a impossibilidade, porque julga tudo possível. O amor sente-se capaz de qualquer coisa, faz muitas e é bem-sucedido, ao passo que quem não ama fracassa e se dá por vencido."[3]

Decidamo-nos a pegar essas palavras como programa de nossa vida. Não pense que precisaremos fazer coisas heroicas; basta decidir-nos, com o auxílio de Deus, a pensar menos em nós mesmos e a ter "iniciativas" pequenas

---
2 *Caminho*, n. 492.
3 *Imitação de Cristo*, parte III, cap. 5.

e constantes. "Um pequeno ato feito por amor, quanto não vale!"[4]

Pequenos atos de delicadeza com Deus: não omitir orações e leituras diárias; viver as devoções próprias de cada tempo litúrgico — Natal, Quaresma, Páscoa; confessar-se pelo menos uma vez ao mês, para estar com a alma limpa e poder receber o manancial de graças que é a Comunhão; ter delicadezas de carinho para com Nossa Senhora (o Terço diário, uma flor física ou espiritual aos pés da sua imagem, do Presépio etc.).

E pequenos atos de delicadeza para com o próximo, especialmente para com a família: iniciativas novas de descanso; um prato diferente e inesperado; um ato de cortesia, de gentileza, que faça marejar de emoção os olhos do outro, da outra; um ato inédito de virtude cristã (pedir perdão com humildade, oferecer um sorriso, saber escutar — enfim, manifestações de carinho e agrado humano que dão vida ao amor)...

Proponhamo-nos não deixar passar nenhum dia sem termos tido algum detalhe novo de carinho para com Deus, com Nossa Senhora, com os nossos familiares ... Em suma,

---
4 *Caminho*, n. 814.

6. A fidelidade renova o amor

decidamo-nos a levar a sério o lema de São Josemaria Escrivá: "O meu Amor é um amor que todos os dias se renova."

Direção geral
Renata Ferlin Sugai

Direção editorial
Hugo Langone

Produção editorial
Juliana Amato
Gabriela Haeitmann
Ronaldo Vasconcelos
Roberto Martins

Capa
Gabriela Haeitmann

Diagramação
Las Niñas Estúdio

ESTE LIVRO ACABOU DE SE IMPRIMIR
A 19 DE MARÇO DE 2024,
EM PAPEL PÓLEN BOLD 90g/m².

Impressão e Acabamento | Gráfica Viena
Todo papel desta obra possui certificação FSC® do fabricante.
Produzido conforme melhores práticas de gestão ambiental (ISO 14001)
www.graficaviena.com.br